IDEAL
by 雅姫

Kitchen

わたしの理想のキッチン

MASAKI

JN015931

Table of Contents

MY KITCHEN HISTORY

自分好みにアレンジしてきたキッチンをふり返って

↑入居当初は、天井の梁や戸棚の木肌が印象的なナチュラルテイスト。かごもコーディネートし、しばらくリビングで使っていたアンティークのカップボードもキッチンへ移動

いつも見えている作りが
工夫を生み出すきっかけに

内装とともに、使い勝手や見え方を自分らしく。そう意識して創意工夫を凝らすようになったのは、20代の頃に暮らしたこの家から。自らの手で作り上げていくおもしろさを覚えました。

↓明るい雰囲気にしたくて、棚や窓枠を白く塗り替え。ついでに、作業台は使いやすいよう少し高くした。右手の窓も生かせるように、ロータイプのカップボードを新調

↓窓の上に棚板を取り付け、収納
場所として活用。白で形がかわい
いポットやかごなどを並べて

↑背が高いカップボードは、白に模様替え（P.6・下）する際
にペイント。中身が見えるガラス戸の棚には白い洋食器やガラ
スの器をしまい、風合いが好きなリネンクロスは見せる収納に

↓板張りの床をテラコッタのタ
イル貼りに。DIYが得意な知人
に手法を教わり、自分で貼った

↑和食器のよさに気づいたのも
この頃。頻繁に使う粉引の器を
まとめて低いカップボードへ

　20代のはじめに結婚し、娘が生まれてから引っ越した
のがこの一軒家。賃貸物件でしたが築30年以上という
こともあり、大家さんの計らいで内装のリフォームが可能
に。そこで、娘に常に目配りができることを第一に考え、
内装業を営む友人に相談。開放感も出したかったので、
キッチンとダイニング、リビングの壁を取り払い一つの空
間にしました。ベースになる棚や床も、当時惹かれてい
たナチュラルな素材と色みに変更を。また、収納の少な
さを補うため、空いている壁に棚板を取り付けました。
　そして暮らしているうちに、気になりだしたのが明るさ。
窓は十分にあるものの、もっとクリーンな感じにしたくなっ
たのです。参考にしたのは、ヨーロッパへ旅したときにお邪
魔した家や洋書で見た白いインテリア。棚と窓枠を白く塗
り替え、見せる収納やガラス戸のカップボードにしまうも
のもできるだけ白でまとめて。いつも目に触れるという意
識が、もの選びと工夫する力をつけてくれた気がします。

家や目的が変われば、理想型も変化。
アトリエのキッチンには、ふと和む遊びも

「ハグ オー ワー」の事務所にしていた部屋が手狭になり、移した場所は築40年のテラスハウス。ここのキッチンには、まだ幼かった娘もスタッフも楽しめる遊びをちりばめました。

↑壁には細い長方形の小気味よい白タイルを、床には経年により味わいが出るオーク材をセレクト。中央に置いたテーブルはガーデン用で、ユーズドのスチールの質感と折りたたみ式の脚が軽さを

↓窓は薄手の白いリネン地をカーテン代わりにかけて、明るさをキープしながら差し込む光を和らげて。壁にはパリの蚤の市で見つけた「EAT」のプレートを、あえてランダムに貼りアクセントに

→キッチンにこもっていてもダイニングの気配が感じられ、顔を上げれば様子も見えて安心できた。お茶をいれに、少し立ち寄るのも楽しい気分に

←作業台は木製の天板で温かみを。下の引き出しと棚の扉は、アメリカのスーパーマーケットで使われていた壁材を再利用。ダイニングとつながる窓は、吊り戸棚を外して作った

↑冷蔵庫には思い出の写真やメモをコラージュ。わきの壁には、壁かけタイプのCDプレイヤー

←ロンドンで見つけ、金網付きの扉に惹かれて購入したカップボード。現在は自宅のダイニングに

　娘が誕生して間もなくスタートした、子供服ブランド「ハグ オー ワー」。徐々に軌道に乗り、スタッフも店舗も増えてアトリエが手狭になった頃に巡り合ったのが、広々とした一軒家でした。内装のリフォームもさせてもらえることになり、引っ越しを決定。カタログ撮影で訪ねたイギリスやフランスの家で目にして憧れていた、自宅ではなかなか実践しにくい"遊び"にもトライすることに。
　キッチンは壁とドアに囲まれ、一面に窓がある独立型。光をもっと取り込みたくて、南向きのダイニングと仕切る壁に窓を作り、ドアにはガラスをはめました。そして、壁のタイルや戸棚、カップボードは家全体の基調にした白に。作業台の天板はオーク材の板を張った床や、置きたいかごとなじむ白木を選びました。また、食事の支度も片付けも皆の息抜きになるよう、愛らしい雑貨もディスプレイ。この"実用的ではないけれど和みを生む遊び"の効果は大きく、今の居心地のいいキッチン作りにも役立っています。

Chapter 1
Renovate The Kitchen

妄想実現計画、はじめます!

「もっとこうなら」「あんな風にしたいな」と理想型を頭に描き、長年夢見てきたキッチンの
改装が2019年に開始。暮らしながら迷いながら、丸一年かけて徐々に変化を。元の姿を
見返すとそれなりに整っていたけれど、もっと遊び心をプラスしていこうと思っています。

FANTASISE ABOUT MY IDEAL KITCHEN

妄想が膨らんだのはここから

棚は土台を生かして
扉の素材を変えようかな。
一部をオープンにして
飾り棚としても使えたら

作業台の天板は手入れの
しやすさも考えつつ、
無機質なステンレスか
味のある石かで悩む

床をフローリングに
するか、コンクリートや
タイルにするか……
冷えも気になる

広さは十分なのに、料理をする
廻の動きが少し不便。シンクをは
さみ、作業台に行ったりガス台に
行ったりを繰り返すのが悩みのタ
ネ。また、北向きの窓から差す柔
らかな光を生かしたくて、入居時
に木調から白に唯一変えた棚の扉
も、最近は味気なく感じている

↑今は調味料を、ガス台とオーブンの両わきに。食材を置く場所を残し、ひとまとめにするのが理想。壁に立てかけているカッティングボードは、倒す心配をせずサッと一枚ずつ取り出せたら。乾燥させながら収納できればベスト

壁のタイルは清潔感がある白のまま、形や目地の色を変えるだけでも印象が違うかも？

←吊り棚の下の作業台に、今はトースターや炊飯器などの電化製品を集めて。お米や乾物のようなストック食材も並べると、あっという間に作業スペースが狭くなる。どれも水を避けたいから、シンクの近くまで攻められないのが困りもの

↑壁はツヤありの白いタイル貼り。ところどころにあるファンシーな花模様を、何度消したいと思ったことか……

不便さを改善しながら、楽しいキッチンを目指して

キッチンは、家の中のどこよりも長い時間を過ごす場所。だからか、家族がおしゃべりをしに、犬たちもおやつを期待しながら（？）集まってきます。ただ、入居当時のままのデザインも使い勝手もいまひとつ。もはや自分の部屋みたいに感じている空間なので、どうせなら「好き」を詰め込んで、もっと使いやすく居心地よくしたい！住み始めて10年以上がたち、この先の快適な暮らしのために、念願だった改装を決めました。

特に気になっているのはコの字に巡る作業台とシンク、ガス台で、動きやすいけれど準備から調理、片付けまでの流れがスムーズにいかないのです。上下に作られた棚もすべて扉付きはすっきり見えるものの、よく使う道具や器の出し入れが案外手間に。おかげで、うまく段取れるように置いたテーブルの上はすぐものであふれ、下は鍋の定位置になってしまいました。そんな不便さや雑然とした状況をクリアできる、頭に描いてきた楽しいキッチン作りがいよいよスタート。でも暮らしているので少しずつ、プロに相談しながら実現していくつもりです。

RENEWED IMPRESSION OF THE WALLS
最初は壁のイメージを一新

↑まず壁一面に作り付けられていた吊り棚の解体から。収納力があっても、上のほうは踏み台が必要でデッドスペースだった

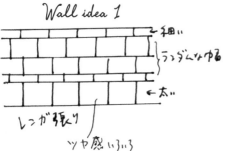

Wall idea 1

レンガ張り

ツヤ感 いろいろ

↑タイルもはがして下地の状態。モルタルを塗るため、古い木材からのアクのしみ出し防止と補強に下地処理剤を塗布

縁に傾斜をつけた額縁風に憧れていたけど、やりすぎない感じのフラットでよかったかも

素っ気ないタイルをやっと替えられる〜。長くいる場所だから、眺めも気分も違うはず

↑選んだタイルは約15×7.5cmの長方形。横貼りと決めたら、収まりのいい配置と間隔を計算して割り付ける「目地割り」を

←窓辺のシンクから右手のオーブンまでつながるコーナーも、壁のタイルを一気に貼り替え。ここの吊り棚は、後日の改装に

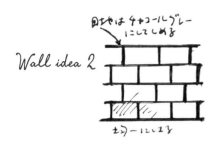

Wall idea 2

目地はチャコールグレーにしてしめる

切り一にする

SUBWAY タイル

額ぶちのタイル

cafeっぽい

Wall idea 3

←モルタル仕上げは、左の一面だけ。シンクへと続く右側の壁は板を貼り付けて接着剤を塗り、新たなタイルを貼る準備を

↑落ち着いたダークグレーのモルタルで仕上げた壁は、棚板をつけてオープン収納に。棚板は丈夫で味のある古い足場板。置きたいものを松田さんに伝え、板の幅や高さの調整を。タイルの目地を近い色にしてつながりを持たせた

見た目も楽しくなるように、タイルと棚の形をアレンジ

改装するにあたり大切にしたいのは、居心地がよくて楽しい雰囲気。そして、好きな和と洋の道具や器が溶け込むこと。その理想をかなえるため、造園家で内装も手がける、自由が丘「ブロカント」の松田行弘さんに相談。空間を取り囲む壁、特に目に留まる作業台とシンクが並ぶ場所から作業を進めることになりました。もともと貼られていたタイルは白い陶器質の正方形で、スタンダードゆえの味気なさと部分的に入っている花模様も一掃を。ただ、清潔感や掃除のしやすさを考えて色と質感は変えず、印象が変わる長方形を選んで、貼り方や目地色のダークグレー、幅の細さも吟味しました。

あわせて手を加えるのが、扉付きの吊り棚。よく使う器が多く開け閉めが面倒だけれど、収納が激減するのは困るので、一面だけ外して代わりにオープン収納に。飾り棚としても使えるから、壁は大人っぽくシックな素材をセレクト。棚板は壁になじむ風合い、丈夫さ、サイズなどを考慮して作ってもらいます。はじめの一歩にして思いきった変更だけに、仕上がるまでドキドキです。

FINISHED NEW WALLS & SHELVES

壁のタイル貼りとオープン棚が完成

↑タイル貼りに便乗し、シンクわきの壁にアンティークのディッシュラックを取り付け。長らく眠っていて、やっと日の目を見た！

壁にラックを取り付け、ザルや木皿の乾燥と収納が一石二鳥。空間も有効利用できる！

↓棚板にした足場板は厚さ約3.5cm、幅約22cm。大きい器や鍋に合わせ、奥行き28cmになるよう継ぎ足し。取り付け金具は壁と棚板に埋め込み、見えない棚受けを。作業台の奥に食材の保存容器を置くので、一番下の板は高めに設置

手元を照らすランプもスポットライト風にプラス。さ～て、何を置いて飾ろうかな～

↑多彩な果物が出回る時期はせっせとシロップ作り。漬かり加減や残量がわかるよう、容器はガラスで統一。お米は「アンカーホッキング」のキャニスターが定番

一新したタイルの形と貼り方を選んだときは「お店っぽいかな？」と不安だったけれど、モルタルの壁とオープン棚を加えたら描いていたイメージに。棚やその周りに見える壁ができたおかげで、絵やオブジェ、草花を飾る楽しみも

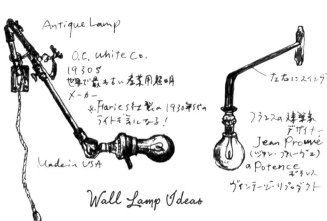

Antique Lamp

O.C. White Co.
1930s
世界で最も古い産業用照明メーカー
※Flariest社製の1930年代のライトがモデルになる！

Made in USA

Wall Lamp Ideas

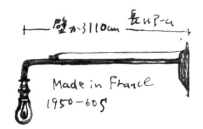

左右にスイング

フランスの建築家
デザイナー
Jean Prouvé
（ジャン・プルーヴェ）
a Potence
ポテンス
フランス
ヴィンテージ・リプロダクト

壁から110cm　長いアーム

Made in France
1950-60s

白いタイルとモルタルのバランスで、陰影と開放感が

　一番目に留まる壁と、その一面を埋めていた棚のリニューアル。部分的でも、雰囲気も気分も変わりました。壁は元のタイルと同じ白なのに、明るくさっぱりした気が。目地をダークグレーにしてモルタルも組み合わせたから、ほどよくメリハリがついたのかもしれません。

　また、新たに取り付けた棚板は、古い足場板を選んで正解！　モルタルやタイルとなじむように、表面を削って濃すぎず薄すぎない色に微調整。大皿や土鍋も置きたくて、40kgまで耐えられる厚みと丈夫さで、幅が狭めだっ

たため継ぎ足して奥行きも出してもらいました。そして、「しまう」と「飾る」の両立も考えて、金具が見えないつけ方に。角をL字に渡っていた吊り戸棚も外したので、天井が現れて広々と見えるのもうれしい限り。思いのほかタイル壁の印象が強く感じていたから、モルタルとオープン収納の面を作ってよかったとしみじみ。まずは、必要なあれこれを並べて一段落。置くものが丸見えなだけに少し緊張感がありつつ、暮らしの変化に合わせてアレンジする楽しみが増えました。

MEETING OF THE CONSTRUCTION
シンク側の戸棚と作業台の打ち合わせへ

↑作業台の天板を選ぶために、ステンレスと人造大理石のボードのほか、メラミン化粧板のサンプル帳も用意してくれた

↑無垢材は細くなるとゆがみが出やすいため、枠のナラ材は4.5㎝幅に。その内側にも一段低く枠づけし、幅や角の丸みを検討

> 戸棚は扉だけサクッと替えるつもりだったけれど、壁や作業台との相性もあるから悩む……

↑工房へ入った途端、打ち合わせモード全開。テーブルに素材や色見本、キッチンの配置図、施工例などをあれこれ広げて

↑扉のサンプルを作ってくれた宇根さん。2段の枠の幅も段差加減も、リクエストしたイメージに限りなく近いバランスに

↑ステイン塗料に墨汁を絶妙に配合して、変化をつけた色見本。枠と鏡板の材質ごとに塗料のノリや吸水性が異なるため、同じ塗料を塗っても色調に差異が

↑わが家を知る松田さん(右)のアドバイスを受けながら、扉のサンプルを立てて塗料の色みをチェック。相田さんが当てている上の色見本は墨汁が多めで、木目が強調される感じに

枠と正面に使う木は密度も違うからか、色みに微妙な差が出て意外と印象が変わるんだ〜

↑天板はステンレスに心が傾きつつ、人造大理石の微妙な色調と傷つきにくさなども捨てがたくなり、タイルとの相性を確認

↑平面で見ていると悩むばかりなので、仕上がりをイメージしやすいよう、寝かせたステンレス板に扉とタイルを立てて配置

サンプルを見ながら、棚と作業台のデザイン決め

　もともと白い化粧板が使われていた戸棚や作業台は味気なく、古びた感じも気になっていたところ。経年変化が味になり、先に一新した壁とも雰囲気がなじむ素材や形にリニューアルしたい！　そこで今回、「ブロカント」の松田さんと訪ねたのは、施工を担当してくれる「cva」の相田淳さんと「U.N.E」の宇根司さんの工房です。イメージに沿って用意してくれたサンプルと、現状の画像や配置図を見ながら詰めの打ち合わせをしました。
　試作してくれた棚の扉は使い勝手と予算を考え、硬く重厚感があるナラ材の枠と軽い合板の鏡板の組み合わせ。それをベースに、枠の幅や色調などを吟味します。塗料の配合と材質によって変わる色調は数種類のサンプルからバランスがいいものを絞り、後日、家の光の中で眺めて調整を。また箱は大きさを揃え、上側の一部をオープン収納に。一緒に替える作業台の天板はステンレスか人造大理石かで迷い、接する扉や壁のタイルと並べてシミュレーション。色みが豊富な人造大理石に後ろ髪を引かれつつ、清潔感があり軽やかな印象のステンレスにしました。

Fixed a New Hanging Shelves
シンク真上に新たな吊り棚を設置

吊り棚がなくなって
すっきり。でも、こんなに
収納が減ることは
考えられない……

↑棚がない9日間は不便で、取り付けが待ち遠しかった。仮留めしたシンク上の照明も、新たな雰囲気に合わせて選ぶつもり

↑箱は軽くするため、表にナラ材の突板を貼った合板。とはいえ3個つながると重さが出て、持ち上げながらの設置にハラハラ

before

↑リフォーム前の棚は幅がバラバラで、右角はデッドスペースに

ひとまず中板を入れてみようかな。ものを頻繁に出し入れする下段には、何をしまおう

←扉付きは内側を中身が見やすい黒にして、中板は高さ調整可能に。オープン収納は中板を1枚つけて、同じ風合いに統一を

↑最後に、次回替えるレンジフードの打合せ。素材をはじめ、幅と高さ、奥行き、正面の角度や手元灯などの確認も

↑シンク上の戸棚は箱の幅を窓に揃え、2個を均等に。箱の上端に幕板をつけて、気になっていた棚と壁とのデコボコを解消。扉は下端に手をかけて開閉でき、表に見えないスライド蝶番で取り付け。凹凸のある4枚が並んでも、すっきりとした印象に。右側の空いた壁にはタイルを貼る予定

→扉は前回見たサンプルから少し修正。外枠の内側に一段低くつけた枠をさらに細く、角に丸みをつけてほしいとリクエスト

左から相田さん、松田さん、宇根さん。しばらくお世話になります！

箱の幅を揃えて、上質なナラ材で扉を

棚の使い勝手と見た目をリフレッシュする工程が始まりました。お世話になるのは引き続き「ブロカント」の松田さん、施工担当の「cva」の相田さんと「U.N.E」の宇根さんです。希望はシンク側の上が戸棚とオープン収納で、下は扉に加えてシンクの水栓と作業台の天板も変更。ただ、下は数の多さや特殊な形、水栓の位置変えなどもあり、加工と設置に時間がかかるそう。連日作業ですべて同時に変えるのも日々使う場所だから難しく、第一段階として上からリフォームすることに。

まず古い吊り棚を右角まで一掃して、取り付け位置の採寸。新しい棚は扉の枠に無垢のナラ材、鏡板と箱にスライスしたナラ材を貼った合板を使用。箱は、扉付き2個とオープン型1個の計3個に。そして、採寸から9日後に取り付けです。3個の箱は横並びにつないでから設置し、2個に扉を観音開きにつけました。塗装は下の扉と一緒に行うため、この日の作業は終了。次回は、作業台のステンレス天板とレンジフードの金属部分をリフォーム。迷っていたレンジフードの形を詰めて解散しました。

CHANGED A WORKTOP & A RANGE HOOD

作業台の天板とレンジフードを衣替え

↑必要性を感じなかったサブシンクをふさぎ、大きいほうのシンクの幅を出すため、古いシンクまわりの天板をカット

これまで見たことがなかったけど、棚を外してみたらけっこうガタがきてる……

↑住み始めてから見る機会もなく無頓着だった、シンク下の棚の裏。水漏れらしき跡もあり、土台の木材がまぁまぁボロに

↑大きい鍋やフライパンを洗いやすくしたくて、メインシンクの左側を10cm広げた。この後、上にステンレス板を接着

→水栓は前と同じレバー一つで水とお湯が使えるタイプで、シンクサイズに合わせて新調。大物洗いがスムーズな、パイプの長さや高さも考えたU字の首振り型

↑配線や流用する換気扇に注意を払いながら、レンジフードを撤去。このタイミングで上の白い幕板、右側の戸棚も一掃した

レンジフードやその周りはもちろんだけど、換気扇もやっぱり年季が入ってるなー

→ブリキのフードを留める前の位置確認。一人がフードを持ち、別の人が正面から上下左右のバランスを見ながら調整を

↑天板は、組んだ角材で浮きを押さえて接着剤の乾燥待ち。完全に乾いたら、壁との接合部分を、水漏れを防ぐシーリング材で埋めるそう。レンジフードは高さを出したのに、ブリキの風合いとフォルムのせいかすっきり見える理想の仕上がり

照明はけっこう明るくて、コックピットみたいなスイッチのクールさがブリキにも合う！

→レンジフードには、提案されたトグルスイッチを採用。オン・オフが明確で、ブリキや流用の換気扇カバーともしっくり

天板の素材はステンレス、レンジフードはブリキに

　傷やシミがすっかり定着していた、白い人造大理石の作業台。特に汚れるシンクとコンロ側の天板を、お手入れがしやすく丈夫なステンレスにリニューアルすることに。同時に、前にせり出して存在感が強かったこげ茶色のレンジフードも、コンパクトサイズのブリキ製に取り替えます。施工はいつものメンバーに、天板とフードを作ってくれた方も加わりました。

　作業台の天板は元の人造大理石を残し、ステンレス板でカバーする方法に。また、大小が並ぶシンクもストレス

なく使える形に変更します。大きいほうは幅を広げ、小さいほうは潰して調理スペースを拡大。間にあった水栓は、位置を新たなシンクの中央へ移動しました。

　その傍らで進んでいたレンジフードの作業は、あれこれを外して壁の状態や配線を確認。フードの換気扇や配線用の開口部の大きさを調整し、換気扇とフードを留めたら設置完了です。ブリキにしたら軽やかになり、奥行きも減って広く感じるように。クリーンな印象のステンレスともなじみ、すっきり感アップはうれしい変化です。

↑調味料は、足し時がわかるガラス容器へ。並べる台が人造大理石からステンレスになったら、中身の表情がきわだったみたい

ガラスとステンレス。実用性で選んだけど、このクールなコンビがちょうどいい抜け感に

←茶こしやピーラーなどは、S字フックに吊り下げ。吊るす収納は移動や増減が手軽で、オーナメントみたいな感じも好き

↓道具や器は使い勝手を考えながら、「並べる」「立てる」「引っかける」でスペースを有効活用。動きも出て、目にも楽しく

→戸棚には曲げわっぱやかご、保存容器を中心に収納。オープン棚には、見た目もきれいな本やポットなどを。使用頻度が高い順に下から上へ、似た者同士をまとめて。このすっきり状態は今だけ？と思いながらも、手持ちのあれこれを見直すきっかけに

↓吊り棚の底には、保留になっていたダウンライトが設置完了。でも昼は窓から差す光をシンクや作業台のステンレスが受けるからか、前より手元が明るく感じるこの頃。シンクの幅と調理スペースが広がり、無駄な動きも減った気が

個性ある内装に道具や器が加わると、楽しいリズムが

　シンク上の吊り棚のリフォームに続き、シンクや作業台の天板を変える作業が終了。棚の扉の塗装は残っているけれど、空いていた壁のタイル貼りは済んだので、めぼしい道具や器などをセッティングしてみました。

　シンクからガスレンジに続くL字の作業台は、調理のメイン空間。壁ぎわによく使う道具や材料を並べ、細々とした道具はS字フックで吊るして。戸棚にはお弁当や保存用の容器、オープン棚には料理本や保温ポット、ザルなどをしまいます。また、壁も活用したいので、棚の下の

ラックには木のお皿を立てて、見せる収納に。その右側にはフックを取り付け、CDプレイヤーをかけたり好きなお皿を飾ったり。少し遊べるようにしました。

　改装がいまだ進行形とはいえ、以前の単調な白から風合いが異なるタイルと天然木、ステンレスになったらコントラストがいい感じに。そこにお気に入りをプラスして、また新しいリズムが生まれるのはやっぱり楽しい！　完成までの道のりは半ばまでもいっていないけれど、だからこそ次のステップが待ち遠しくなっています。

CHANGED A CUPBOARD COMPLETELY
シンク下の戸棚が、がらりと様変わり

扉が白だとシンク下は
特に汚れが気になって
いたし、取っ手のデザインも
イマイチ……

→まず扉を外し、はめ込まれて
いたプラスチック棚を撤去。オ
ーブンの横はボックスの傷みが
少なかったため、扉だけ新調を

↑新しく製作した棚は、3つ
の箱で構成。シンク下に並べ
たら、箱同士もしっかりとつ
ないで。中板は可動式にして
もそれほど高さを変えられな
いので、各1枚ずつ、位置を
揃えて固定。内側は、案外も
のが見やすくかっこいい黒に

ここまでくると、
早くいろいろ入れて
みた～い！ 扉だけ替えた
ところも整理しよっと

→扉は棚部分だけでなく、上の幕板
と下の幅木も適度におおうサイズ。
上端に手をかけて開閉できるように
なっていて、スライド蝶番で取り付け

↑友人宅で見た和洋のテイストを選ばないシンプルなデザインに感化され、取っ手をつけなかった扉。ナラ材のナチュラルな風合いはウッディな道具と、段差をつけた端正なフレームはクールなスチールやタイルとの調和役に

↑引き出しは重さ約40kgまで耐えられ開閉が楽なスライドレールを使用。下段は調味料やワインなどの瓶も収まる深さ

↑レンジフードわきに作ってもらったオープン型の吊り棚は、しまうトレイやかごに合わせて棚板の高さを設定

素材やデザインを、真上にある棚とお揃いに

　扉だけ替えるつもりだった、シンク下の戸棚。でも前回、シンクや作業台の天板をアレンジする際に扉を外したら、はまっていたプラスチック棚を見てがっかり。かなりガタがきていたので、一緒に新しくすることに。

　扉は真上に作った吊り棚と同じ無垢のナラ材を使い、デザインも揃えて。はめる棚も箱は薄いナラ材を貼った合板で作り、内側の色まで吊り棚と合わせています。そして中板は、ボウルや水きりザル、洗剤のストックなどの高さを目安に固定してもらいました。

　また同時進行で、ガスレンジ右側の上下にあった白い戸棚もリニューアル。上は抜け感を出したくて、スチールフレームとベイマツの古材でオープン収納に。下は、奥行きも高さもガスレンジと並ぶ引き出しに変更。上段は買い置きの調味料や乾物、下段は高さがあるボトルの収納に便利な深さにし、前板をシンク上下の扉のデザインと揃えて。トップにはステンレス板を貼り、作業台と統一。

　収納が整ってきたら、気持ちまでシャキッと。そのいい波に乗り、次は小物をしまう一角の改装です。

IMPROVED USABILITY OF THE CUPBOARD
最後の戸棚は形と使い勝手を刷新

↑(上)引き出しには、開閉がなめらかなスライドレールを採用。中身の重みで開くのを防ぐキャッチ付きに (中)右隣の棚の板は丈夫でたわみにくい古い足場板 (下)最後に次回の下準備。キープした天板に耐久性を高める仕上げ剤を塗るため、下地のベニヤ板を固定

↑事前に組み立て、引き出しのスライドレールも取り付けた本体を設置。キープしておく人造大理石の天板を一人が端で支えながら、二人で本体を手ぎわよくはめ込む作業は呼吸が大事。見ているほうも、思わず息を止めて体に力が

黒いスチールフレームは
表に見える部分が
少なめでも、
引き締め効果に期待大

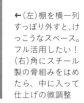

←(左)棚を横一列すっぽり外すと、けっこうなスペース。フル活用したい! (右)角にスチール製の骨組みをはめたら、中に入って仕上げの微調整

引き出しの深さは、カトラリーやラップ、保存袋などを入れる上段が約14.5cm、キッチンクロスや食器を収納予定の下2段は約27cmに。右角のオープン棚の下段は、しまいたい鍋に合わせて棚板の高さを設定。後々カーテンをつけてもいいよう、上端にはフックがかけられるポールもプラス

形が整った引き出しに真鍮の引き手で軽やかさが、オープン棚で抜けが生まれていい感じ

引き出しはサイズを吟味し、角はオープン収納で抜けを

　棚の中で改装待ちだったのは、電化製品を置いている作業台の下。以前は引き出しと戸棚の組み合わせで、カトラリーやクロス類、マグカップなどを入れていました。でも引き出しは浅いからものがよく引っかかり、棚にはめ込まれた引き出しも半端に仕切られて使い勝手が悪い悪い……。そこで、収納力とスムーズな出し入れを考えた結果、すべて引き出しに。イメージはアンティークショップで見かけるたびに惹かれる、箱がたくさん並ぶデザイン。上段は浅め、といっても以前よりは深く。中・下段はマ

グやボウル状の器も楽に収まる深さの3段です。前板は今までに改装済みの戸棚に使ったナラ材で揃え、引き手金具は経年変化が味わえる真鍮を選びました。
　また、隣にあるL字の戸棚も変更を。扉もL字状に開くと前にせり出し奥のものが取りにくく、しまった食器の使用頻度は減るばかり。だからオープン型にし、骨組みは雰囲気が締まる黒いスチールに。素材や色のトーンは合わせつつ引き手などでディテールを変えたことで、これまでアレンジした棚とは違う趣を出してくれました。

PAINTED THE DOORS & THE DRAWERS

戸棚の扉や引き出しを一気に塗装

色は塗料の配合に
よって、塗ったときの
印象が想像以上に変わる
んだ……。悩むなぁ

塗料がしみ込み、乾く
前に均等にのばす。
この連携プレイで、
きれいに仕上がるのね

↑ナラ材を用いた試
作の扉に、塗料の配
合を変えて塗った色
調サンプル。右下は
防水剤のみ塗布。無
垢材だからこそ、木
目や密度の違いでも
色みが変わって味に

←新しい棚に一旦つけ
た扉を外し、あらためて
サンドペーパーを
かけてから塗装作業。塗
料はまず刷毛で塗り、
乾燥前にペーパーで手
早くのばしていく。様
子を見て重ね塗りも

↑引き出しの前板も、棚の扉と同じ色合いに。引き手金具
を外して、棚板や側板の前面も一緒に塗装を

←開閉時に案外目に留
まる、前板の縁までき
っちり同色に。引き手
金具を戻し、一つ一つ
引き出しながら丁寧に

↑オーク色の水性塗料を塗った扉や棚は、仕上げに重ねた防水剤も表面がテカらない浸透性タイプを。ほどよく深みが出て、日中に差し込む光にも夜の明かりにもしっくり。キッチンだから、塗料と仕上げ剤のどちらもニオイが少ないものを選んでくれたのもうれしい

憧れの天然石も候補の一つ。でも色やニオイ移りがけっこうあると聞いて、ますます迷いが

←塗装をしている傍らで、残る作業台の天板の素材選び。松田さんに事前にイメージを伝え、用意してもらったサンプルとカタログを広げながら打ち合わせ

無垢材の木目が引き立って、落ち着きのある色調に

　吊り棚やシンク下の棚など、コーナーごとに改装を進めてきた収納。その扉や側面といった表に見える部分の塗装は効率と色調の統一を考え、まとめてやろうと後回しにしていました。そして前回、最後の棚が出来上がったので、いよいよ塗装に取りかかります。

　ナラ材の美しい木目を生かしながら味を出したいとリクエストし、着色には表面に膜を作らず木にしみ込む水性ステイン塗料を使うことに。色調はオーク色をベースに濃淡をつけたサンプルから、周りのトーンに合う一番淡い色を選びました。最初の棚の取り付けから日がたつにつれて目が慣れてきて、「このまま防水剤だけ塗ればいいかな」と頭をよぎったけれど、やっぱり色づけしてよかった！　白木の生っぽさがなくなって雰囲気が落ち着き、持っている道具や器にもなじみそうです。

　またこの日は、素材と色みを決めかねていた場所の打ち合わせも。一面だけ残る作業台の天板を天然石か人造大理石にするか、資料を広げて吟味。加工日数が必要なため、仕上がりを待つ間に床の改装にも着手します。

MAKEOVER THE FLOOR

床を思いきってイメージチェンジ

Pretty things coffee のタイルみたいなやつ

黒 or 赤茶

平行四辺形

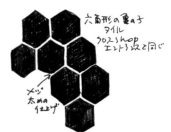

Floor Ideas

六面形の亀の子タイル
3025shop
エントランス次と同じ

メジ太めの仕上げ

夕 テラコッタ色のままか。
上から黒に塗装するか
黒は暗くなるかな・・・

バワ建築でも沢山使われていた市松模様のタイル。POPなイメージだったんだけどシックなインテリアにはすごく合う!!

市松模様
checkered Pattern

↑接着剤を塗った後、乾燥による色の変化も考慮して調色したモールテックス(ベルギーの会社が開発した樹脂モルタルの一種)を塗布

↑絶妙なコテさばきで塗り広げる様子を眺めていると、独特の表情が生まれそうでワクワク
←床材が完全に乾いたら、表面を軽く研磨してなめらかに

保護剤を塗れば落ち着いた色になるそうだけど、乾いたらけっこう淡いトーンでドキドキ

↑保護剤を塗る工程に突入。表面に膜を作らず、モールテックスの層内にしみ込んで汚れを防ぐ浸透性の2種を、2日に分けて重ね塗り

←床材の2度塗りまで終わり、やや不安がよぎる白っぽさ。「保護剤を塗ると少し濃くなる」の言葉を信じて乾燥待ち

←明るすぎず暗すぎず、ムラ感や光の入り具合によるニュアンスが自然なグレートーンはイメージどおり。モダンさと温かみ、ヴィンテージ感が共存する雰囲気は想像以上。境目や段差がないシームレスな作りで、すっきりと見えるのもうれしい

数日前までツヤツヤの白だったことを忘れるくらい、風合いがあるグレーになってホッ

↓最後のワックスがけは、蜜蝋ベースでしっとりと仕上がるペースト状のもので。表面に薄くのばして塗膜を作り、一層水や油の浸入を防ぐ効果をアップ

モルタル調の独特な質感が、タイル壁や棚とも好相性

　床はもともとのクッションフロアも実用性は悪くないけれど、すでに改装した壁や棚と雰囲気を合わせたくなり手を加えることに決めました。作業台の下の食洗機やオーブン、床下収納をそのまま生かしたかったので、床材はクッションフロアをはがさず下地材も張らず、上に重ね塗りできる樹脂モルタル、モールテックスを選択。薄く塗れて強度や防水性に優れ、色みの微調整がきくことも視野に入れて提案してもらいました。
　作業は数日かけて接着剤、床材、保護剤の順に、「塗っては乾かし」を繰り返します。1日目は元の床と上塗り材の密着性を高め、凸凹も埋める接着剤を塗布。翌2日目でモールテックスを2度塗りし、日を改めて表面を研磨したら保護剤を塗る工程に。保護剤はモールテックスに浸透して、汚れの浸入を遅らせるオイルタイプを使用。さらに撥水撥油効果を高めるワックスをかけて、フィニッシュです。乾燥時間が必要なため、すぐ次にとはいかない床の施工。待った甲斐あって、木やタイルの風合いとなじむシックな表情に仕上がりました。

MARBLE PATTERN ON THE TOP BOARD
迷っていた天板がやっと決定

今までインテリアに使ったことが
なかったマーブル調で、ちょっと
した賭けだった最後の天板。でも
モルタルとタイルの壁、シンクまわりのステンレス、木の棚、さら
に白い冷蔵庫の間を取り持つよう
な存在に。大人っぽい雰囲気にも
なって、願ったりかなったり

←白とグレーの分量や色の
ニュアンス加減、控えめな
光沢感が好バランス。大理
石調は高級で重厚なイメー
ジが強かったけれど、わが
家の雰囲気作りに一役買っ
ているモルタルと木の風合
いをつないでくれるような
軽やかな柔軟性が

最初は樹脂モルタルも
考えたけど、シックで
明るくなったし、これに
トライして正解！

←新たな天板と接する、改
装済みの壁や天板の縁をテ
ープでマスキング。シーリ
ング材で隙間を埋めたら、
あとは乾燥を待つだけに

↑選んだ一枚は厚さ6mmと
薄め。移動や施工時に割れ
ないよう、また高さ調節を
兼ねて裏に板を接着。とは
いえ幅が約150cmあり、4
人がかりで慎重に設置を

マーブル模様の柔軟さが、壁や棚と調和をとる役目に

どういうテイストにするか迷いに迷って、最後に残して
いた天板。シンクとつながっているけれどステンレスでは
ない気がして、先に改装した壁や棚、床のどれかと材質
と色みを揃えるか、新たな素材にするかを決めかねてい
ました。そこでインテリア本やSNS、知人の家、お店のリ
サーチを重ね、浮上したのがマーブル模様の石材です。
でも天然石は色やニオイが移りやすいと聞いて、私はキッ
チンには最適じゃないと感じ、お手入れが楽な人造大理
石を選択。実物も見たくてショールームへ足を運び、よ

うやく白とグレーのミックスストーンに決めました。
　元の人造大理石はもっと大きくて、カットする部分に
より印象が変化。初対面のこの日までドキドキでしたが、
模様のバランスがいい感じでした。そして施工が始まり、
加工済みの人造大理石が貼られたら、個性的なのに空
間のまとめ役になることもわかって大満足です。
　これで理想のキッチン実現計画は一区切り。新装空
間の快適さに日々浸りつつ、まだまだ妄想中の改装はま
た着手する機会にお披露目できたら、と思っています。

MY IDEAL HAS COME TRUE

妄想が現実になりました！

before

形と貼り方を変えたタイル壁。ステンレスでカバーしたシンクと作業台。ナラ材を用いた戸棚。そして樹脂モルタルを塗った床の、色と風合いのミックスで趣が出て心地いい

←ガス台とオーブンがある面は、レンジフードや棚を変更。吊り棚は外し、レンジフードをブリキでコンパクトに作ってもらった。その左の壁にはライトとCDプレイヤーを取り付け、右だけオープン棚にして抜けを。作業台の下の引き出しは並びの戸棚と同じナラ材で統一

before

→この面は思いきって作りを一新。吊り棚を外した壁はタイル貼りにせず、モルタルを塗って棚板を設置。下の棚はサイズを揃えた木製の引き出しと、スチールフレームのオープン棚にアレンジ。作業台の天板は、ここだけマーブル模様の人造大理石に

before

木とタイル、モルタルで使いやすく居心地よく

「デザインも使い勝手も、いつか私好みにしたいな……」。そう思い続けて10年以上、キッチンの改装に着手したのは2019年春のこと。家のどこよりも長い時間を過ごすところでもあるし、特に調理効率や気分を左右する作業台とシンク、ガス台まわりをリニューアルしたかったのです。暮らしながらタイミングを見て少しずつ、コーナーごとに進めてきた工事。ひとまず一段落しました。

白で統一されていた前の内装はおもしろみがなく、テンションが上がるようにお気に入りの道具や器で味つ

けしていました。でも今は、空間のベースが木とタイル、モルタルの組み合わせでほどよいメリハリが。また、壁を埋めていた戸棚の一部をオープン収納にアレンジしたら絵や花などを飾る楽しさが加わり、棚を取り払った部分にCDプレイヤーをかけて音楽を聴けるようにしたら居心地のよさがアップ。快適さを求めて試行錯誤し、理想の形へと変化した場所で、家族と夕食の時間がずれた日は一人ごはんをすることも。自分の部屋みたいに「好き」に囲まれて、ますますここにいる時間が長くなっています。

CHAPTER 2

HOW TO USE THE SHELVES

新しい棚の使い方、キッチンでの過ごし方

快適さを求めて試行錯誤の末に生まれた新装空間は素材や色調、デザインのミックスで
適度なメリハリが。好きなもので作る心地いいリズムにより、これまでと同じアイテムを
使い並べても新鮮味が感じられて、日々の暮らしをアップデートしてくれる気がします。

THE CUPBOARD MADE IT EASIER TO SORT

戸棚の形が整ったら仕分け上手に

似た者同士をまとめられる
ようになり、使い勝手が断
然よくなった吊り棚。使用
頻度はそれほど高くないけ
れど、季節やシチュエーシ
ョンによって使いたいガラ
ス器をここへ。これまでは
棚に入らず点々と置いてい
た、フルーツシロップ用の大
ぶりの保存瓶も上段に集結

→シンク上の戸棚。右側には登場回数が多い順に下から上へ、曲げわっぱやフタ付きのかご、保存容器など重ねてOKなものを収納。左側は中板を1枚外し、ワイングラスやジャグ、保存瓶といった背が高いガラス器を種類別に

↑オープン型にした右端の吊り棚には手軽に使い、片付けたかった料理本や保温ポットなどを。その下の作業台は、新しい棚の風合いになじむ木製アイテムを見せる収納に。ここでお茶をいれることも多く、茶葉やコーヒー豆をしまう木箱も並べて

ワンコーナーでも見せる収納ができると、やっぱり出し入れが楽だし見た目も楽しい

→シンク下の棚の1個は、シンクの深さや排水管を避けて奥行きが浅め。でもかえって中身をさっと取り出せるので、食器用洗剤やハンドソープ、ゴミ袋などの消耗品をストック。一緒に、日々のちょっとしたお手入れに使うゴム手袋や端切れも

棚の素材と中板を変えて、仲間をまとめやすく

　もともとシンクの上下にあった戸棚は、中板が半端な高さについていて、まとめたいものが収まらず、無駄な空間ができることも。でも容量だけはあり、あちこちにしまっては探しがちに。そこで、ナラ材で作り替えるのと同時に、使いにくかった端の吊り棚を外したりオープン型にしたり。中板は高さ調整が可能なタイプと、入れたいものに合わせた固定との組み合わせにしてもらいました。
　吊り棚の扉付きのほうは中板を可動式にし、高低差がある保存容器やガラス器を整理整頓。オープン棚には中板を1枚つけて、きれいなデザインの本やポットを置いています。シンク下の戸棚は中板を、洗剤やハンドソープのボトル、ボウルや水きりザルなども入る高さに固定。おかげで形や素材、用途が近いアイテムが一カ所に落ち着き、探すイライラも片付けの手間も減りました。また、中板の高さが変えられるところには、今まで見せる収納にせざるを得なかった大きな保存瓶も収まってすっきり。ディスプレイ感覚で並べられるコーナーもできたから、取り出すのも元に戻すのも楽しめるようになりました。

Deep Drawers Made Cooking Efficient
深さを吟味した引き出しで効率アップ

↑棚の使い勝手を改善したら、動線も気分もがらりと変化。使えないとあきらめていた空間が生き、収納力が上がって見た目もすっきり。ものを探したり避けたりせず料理できるのもうれしく、居心地まで格段によくなった気が

大きくて立てかけるしかなかったザルや、形がバラバラなトレイがやっと落ち着いた！

→レンジフードのアレンジとともに、右わきの吊り戸棚をオープン収納に変更。奥行きも出して、これまでしまえなかった大ザルやトレイをまとめた市場かごを

↑よく使う調味料を並べつつ作業スペースが広がった、ガスレンジ左側の棚の上。料理中もお茶をいれるときも、キッチン内のウロウロが激減

定番とお試し調味料をかごやプラケースで仕分け。仲間が集合して、選ぶのがスムーズに

↑ガスレンジ右側の引き出しは、上段を深さ27.5cmに。だしや乾物の袋、小瓶入りスパイスのほか、パスタとソース作りの材料も一緒にしまって

→調味油やお酒などボトルをまとめたかった下段。箱の深さを38cmにし、前板との差をつけて中身を出し入れしやすく。パントリー感覚で使用

開閉が楽な引き出しのおかげで、作業スペースが拡大

火を使う料理を段取りよく進めるために、ガス台とオーブンのそばは道具や調味料を手が届く範囲に揃えたいところ。その置き場所や作業台として重宝しているのが、火元の左右にある棚の上。でも以前は、特に右側の浅い引き出しと奥行きが深すぎる戸棚に何を入れてもしっくりこず、立ち位置と逆開きの扉もとにかく不便で、自然と普段使いしないものの行き先に。だからガスレンジわきということを考えながら、有効活用できる形に変更を。

一番欲しかったのは、いろいろ試してみては作業台に置くことになっていた、調味料や乾物などの収納場所。そこで袋ものや瓶詰、ボトルが入る深さとスムーズな出し入れを考慮した引き出し2段に。使いたいときにすぐ取れてしまえるようになり、動きの無駄が払拭。作業台も空きました。さらにストックまで収まるから、「また買っちゃった……」なんて失敗もなくなり、補充するタイミングも逃さないように。同時に、やはり使い勝手の悪かったレンジフード右側の吊り棚をオープン型に変えたことで、この一面のデッドゾーンが生き返った感じです。

MEAL PREPARATION BECAME SMOOTHER

棚の激変で食事の支度と片付けがスムーズに

大きめも持ち手が太いものも種類別に分けられてすっきり。この状態が続きますように

→引き出しの上段にカトラリーを種類別に収納。前の引き出しに入れていた仕切りトレイが流用できる幅と奥行きにしつつ約4cm深くしたら、テーブルスプーンやフォークのように先が大きくても柄にボリュームがあってもすんなり

←家電製品をまとめて置いている作業台の下は、幅や高さを揃えた引き出し収納とオープン棚に。引き出しには食事のたびに出し入れする細々とした道具や使用頻度の高い食器、オープン棚には重いお皿や鍋をしまって

→引き出しの中段と下段は深さ約27cm。中段に普段使いの茶碗とお椀、その隣の箱にラップや保存袋などを。下段には高さがあるカップやキッチンクロスをそれぞれの箱に

「仕切りトレイの一カ所に入りきらず横へ外へ」も、ペアを探す手間もなくなりました！

←来客や撮影時に使うことを考えると、なかなか減らせないカトラリー。引き出しを深くしたら見事に収まり、種類が一目瞭然

before

←元の引き出しは箱が浅く、収納力に限界が。レールも古びて開閉時にガタついていた

→引き出しと並ぶオープン棚の上段には大皿を、下2段には鋳物ホウロウ鍋を。フレーム上端につけたポールに、フックをかけてカーテンをプラス

深めの引き出しとオープン棚ではみ出し解消

　棚の使い勝手をよくすることは、キッチンを改装したかった理由の一つ。中でも引き出しと開き戸の棚のコンビだった作業台の下は、引き出しは浅くて仕事でも使うカトラリーやキッチンクロスが引っかかり、戸棚は内側が半端に仕切られていたせいで収納力がイマイチ。だから、ものの出し入れにストレスがなくスペースを有効に使えるサイズを吟味し、3段、3列の引き出し収納にしました。上段は引き続きカトラリーを入れたくて、浅型だけれど以前よりやや深めに。中段と下段はその倍近い深さにし、

マグカップやボウル状の器、洗い替えのクロスなど、かさばるものもラクラクしまえるようにしました。
　また同時に、隣にあったL字の戸棚も使い勝手を刷新。中身が見にくく取り出すときにも邪魔だった扉をなくし、スチール骨と棚板をはめたオープン棚に変更を。おかげで出し入れに躊躇しがちな、大皿や重たい鍋の定位置ができました。このコーナーの棚の改装により、これまで入りきらなかったり収納場所を決めかねていたりしたそれぞれのものが、収まるべきところに収まった感じです。

A Part of The Wall was Renovated

出入口のある壁一面を新たに模様替え

before

好みも段々変わってきた
せいか、白と自然素材の
組み合わせが
落ち着かなくて……

↑最初の作業は、憧れの
ボトルラックの取り付け
位置の確認

→壁の周りをマスキング
テープでカバーして、モ
ルタルを重ね塗り

↑塗り終わったらマスキング
テープを渡し、「塗りたて注意」
の目印に。ほぼ1日乾燥させ
て、ラックの取り付けを

うっかり触ったり
寄りかかったり、わんこ
たちも出入りが激しいから
乾くまでドキドキ

↑まずは長年愛用していてほぼ毎日
誰かが使う、「デュラレックス」のグ
ラスを。サイズ違いや小さいものを
2個重ねて並べても何だかかわいい

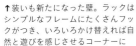

↑装いも新たになった壁。ラックは
シンプルなフレームにたくさんフッ
クがつき、いろいろかけ替えれば自
然と遊びを感じさせるコーナーに

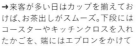

→来客が多い日はカップを揃えてお
けば、お茶出しがスムーズ。下段には
コースターやキッチンクロスを入れ
たかごを、端にはエプロンをかけて

シックな壁とラックで、見せる収納の楽しさが倍増

　改装が一段落した後に気になりだしたのが、出入口
があるコーナーの壁。シンク側の壁と作業台、床全体の
素材や色みを変えたら、特にナチュラルテイストの木の扉
や棚付きフックをポイントにしていた白壁が妙に甘く、浮
いて見えたのです。そこで一面だけ、扉がなじんで床と
つながりがいいグレーのモルタルで塗り替えることに。ま
た棚付きフックは外し、「いつかは」と思っていた大ぶ
りのスチールラックを取り付けてもらいました。
　ヴィンテージのラックは、元は空いたワインボトルを乾

かすためのもの。以前訪ねたイギリスの家庭では庭で植
木鉢が、フランスではキッチンでグラスが並ぶ様子がかわ
いくて憧れていました。だから日本で見つけたとき、迷
わず購入して庭で使用。でもグラスが微妙にあちこち向
いて勢揃いする風景はことのほか忘れがたく、この機会
にキッチンへ引っ越しを。ニュアンスが生まれた壁に、味
のあるラックが個性を発揮。グラスはもちろん、カップや
かごなどいろいろかけられる便利さも、手軽に雰囲気を
変えられるおもしろさも増しました。

KITCHEN UTENSILS THOSE I LOVE

使用感と佇まいに愛着がわく道具たち

切れ味が鈍くなったと
感じたら自分で包丁研ぎ。
そのひと手間で、調理が
断然気持ちよく

↑切れ味抜群で長年愛用している老舗「有次」の
包丁。ペティナイフは握りやすく疲れず、気軽に
使えて稼働率は一番。牛刀はかたまり肉や根菜に

↑合羽橋などで選んだバット。深型は切った野菜
を入れてそのまま味つけ、大サイズは漬け込みに。
オーブン可で、浅型は野菜や肉のグリルに重宝

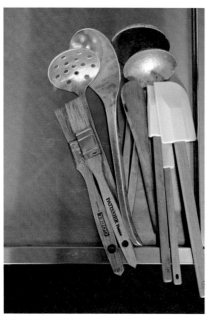

↑「鍛金工房 WESTSIDE33」のおたまは持ち手の長さ
とカーブ具合がお気に入り。スパチュラは何度もリピ
ート、木ベラや刷毛は使い続けて手になじんでいる

↑「柳宗理」のパンチングザルは、食材が引っか
かりにくく洗いやすい。自然素材の編みザルはお
皿代わりにも。母親から譲り受けたものも健在

→ガス台の横の壁に取り付けた「イケア」のマグ
ネットナイフラックに、パレットナイフやチー
ズカッターを。レシピメモを留めるクリップも

「有次」のお店を取材した際に包丁の研ぎ方を教わり、すぐ砥石を購入。最初は恐る恐る研いでいたけれど、段々要領がつかめてくると、落ち着くし無心になれて好きな作業に。定期的にプロに預けてメンテナンスも

スムーズに気持ちよく料理できて、安心できるのが一番

　ごはん作りは休みなしだから、調理道具は愛着が持てるものを選びたいですよね。実用性はもちろん、素材感も見た目も重要。20代前半で結婚して興味がわいたものの、その頃は知識も情報も少なく手探りで選んでいました。そのうち雑誌で料理や暮らしまわりの取材が増えてくるとともに情報収集も熱心にするようになり、腕が確かな職人さんとの出会いにも恵まれて。選択肢が広がると同時に、選ぶ目も養われていった気がします。

　基本的には、シンプルで扱いやすく飽きのこないデザ

インが好き。何度となく失敗もしたけれど、今は吟味したものが揃って落ち着いたなと感じています。包丁は切れ味が鈍くなったら、ささっと研いでメンテナンス。修理がきかないアイテムは、同じか似たものに買い替えを。

　自分の手や調理する流れにしっくり合って、効率よく作業が進み、使い続けられる。作る楽しさが感じられて、何気なく置いたときにも収納している姿も空間になじんでいる。そんな道具たちは、居心地のいいキッチンと充実のお料理タイムを作る大事なメンバーです。

Familiar Kitchen Utensils
親しみのあるキッチン用品

POT STAND

S字フックに引っかけ、さっと取れて戻せるので収納も楽に。料理を鍋ごと出すときに、ナチュラルな木製テーブルにもしっくり

PEELER

ドイツの「リッター」のピーラーは2代目。切れ味のよさに加え、軽く小型でしっかりとつかめる形だから、細いごぼうやアスパラ、小さめのじゃがいもなどの皮もむきやすい

ROLLING MAT

幅違いの2枚を揃えている巻き簾。幅広のほうは、作り方を習ってからときどき無性に食べたくなる韓国風海苔巻き、キムパブ用。狭いほうは、卵焼きの形を整えるときに使用

GRATER

「有次」のミニおろし金は、わさびやしょうが用。繊維と水分が分離せずにおろせて、ゆずの皮を料理に散らす際にも活躍。目に残ったら、おろし箆で落とせば無駄もなし

WOODEN CONTAINER FOR RICE

故郷秋田の伝統工芸品、曲げわっぱの飯切は「柴田慶信商店」でセレクト。ハレの日には、ちらし寿司や葉を敷いて数種の惣菜を盛り付け。しゃもじは「宮島工芸製作所」のもの

SPATULA

「ウィリアムズ・ソノマ」のシリコンベラは、大サイズは炒め物や和え物に活躍。弾力があるから薄焼き卵を破らずに返せるところも気に入っている。小はソースやクリーム作りに

SERVER SPOON

大皿料理の取り分けに欠かせないサーバースプーン。真鍮や木製、ヴィンテージに現行品とタイプはいろいろ。和洋の料理や器を選ばず、テーブルで絵になりそうなものを揃えて

TONGS

シンプルな形と優しい感触、軽さに惹かれた竹製トング。スマートなデザインなので、調理道具というより食卓に並べたサラダやグリル料理をサーブするときに活用している

BREAD KNIFE

ブレッドナイフは、アメリカの調理用品メーカー「アテコ」のもの。使い始めてから10年以上たつのに、刃が錆びたり欠けたりすることがなくパンもケーキもきれいにカット

CHEESE GRATER

上の4面型のチーズおろし器は立てて使え、チーズをたっぷりおろしたり粗い目でにんじんをラベ用にスライスしたり。1面タイプは、おろしチーズでフィニッシュしたい料理に

BAMBOO COLANDER

京都の雑貨店で見つけた、持ち手付きの楕円ザル。野菜のストックや水きりに使うほか、おむすびと漬物を盛り付けてワンプレートごはんにすることも。洗ったら吊るして乾燥を

KITCHEN CLOTH

「クロス＆クロス」オリジナルのキッチンクロスは、風合い豊かなリネン地。マメに取り替えたいというだけでなく、季節や気分に合わせて選べるよう色柄違いで枚数を揃えて

CUTTING BOARD

少しずつ集めている、ユニークな形の木製カッティングボードはほぼヴィンテージ。お皿代わりにパンやチーズなどをのせて食卓で切り分ける、気軽なスタイルも定番化

BOTTLE

フルーツシロップやハーブウォーターは、蠣﨑マコトさん作のすっきりと端整なボトルへ。「クロス＆クロス」で個展を開催する際、材料が入れやすい口広タイプをリクエスト

MORTAR & PESTLE

知人にすすめられて購入した、すり鉢とすりこぎのセット。すり鉢は底の広さと適度な重みで、すりやすさに安定感が。野菜のごま和えを作り、そのままテーブルへ出してもサマに

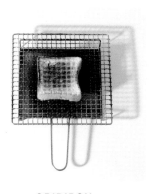

GRIDIRON

「辻和金網」の手付焼網は、パンやしいたけなどをさっと焼きたいときに登場。目の細かい受け網が熱を和らげまんべんなく広げるから、外は香ばしく、中はふっくらと仕上がる

CANISTER

蠣﨑マコトさんのキャニスターは、使い勝手も眺めもいい美しいフォルム。大きさ違いで持っていて、小ぶりは茶葉や調味料入れに、大きめには季節の果物で酵素シロップを

PASTA CASE

京都「開化堂」で巡り合ったパスタ缶。愛用の茶筒にも使われているブリキ製で、中ブタの上に収まるパスタメジャー付き。ものが多いキッチンで、スマートに置けるのがお気に入り

Useful and Stylish Cookwares

使ってよし見た目もよしの、鍋いろいろ

↑京都で出会い、コロンとかわいいフォルムに一目惚れした小谷田潤さん作の土鍋。娘が巣立った今、ごはんを2合炊くのにちょうどいい

↑小ぶりのセイロは台湾製。持ち手付きで、蒸し上がりを食卓に運びやすい。直径約15cmがぴたっとはまるアルミの両手鍋もあわせて購入

楕円型は丸い鍋が多い中で、存在感を発揮。槌目の趣と優しい感触は使うたびに惚れ惚れ

しょっちゅう使うからか、割と新しいほうなのに年季を感じる……。お手入れしなきゃ

↓銅製片手鍋は、野菜のボイルやみそ汁に。左は「有次」の丸底タイプ。右の深型は、インドネシアの職人が手がけたという「ババグーリ」のもの

↑「鍛金工房 WESTSIDE33」のアルミ製浅型オーバル鍋。長いほうが約27cmあって、一尾ものの魚を煮たり野菜を長いままゆでたり

↑ほぼ毎日使う鍋は、洗ったらそのままガス台へ。だからキッチンに溶け込み、目にも楽しいデザインをセレクト。4口あるガス台がフル稼働するときは、ぶつからないようサイズやフォルム違いを選んでやりくり

形や色違いを少しずつ
揃えた鍋は、料理と
シチュエーションで
使い分けるのも楽しみ

→重い鋳物ホウロウ鍋と土鍋は、扉付きからオープン型に改装した作業台の下の棚に収納。「ル・クルーゼ」の白い片手鍋は、近々娘に譲る予定

料理やシチュエーションで、使い分けるおもしろさ

　鍋は大きさと深さ、フォルムや素材の違いによって、料理を作る効率も仕上がりも変わる気がします。そしてほかの道具と同じく、佇まいの美しさやかわいらしさも気分が上がる大事な要素です。わが家では長い間、食材のうま味をじっくりと引き出してくれてデザイン性も高い、「ル・クルーゼ」や「ストウブ」の鋳物ホウロウ鍋が主力でした。どっしりとした安定感やタフさも頼もしいのですが、ここ最近は家族の食事時間がバラバラになり、普段は小回りがきくものを使う回数が増えつつあります。

　使い勝手がいいのは、銅製の片手鍋。火の回りがよくて、手早く調理できるので大活躍しています。アルミ製の両手鍋も割と愛用していて、軽さとクールな雰囲気がお気に入りです。また、娘が一人暮らしを始めてから、夫婦二人分のごはんを炊くのに小ぶりの土鍋が重宝しています。とはいっても、「煮込みもオーブン料理もおまかせ」な鋳物ホウロウ鍋ももちろん現役。メニューのレパートリーと作る楽しさを広げてくれる鍋もまた、改装したキッチンの快適指数アップに欠かせない道具です。

OFTEN USED POTS & PANS
使用頻度高めの鍋とフライパン

ALUMINUM YUKIHIRA SAUCEPAN

「有次」のアルミ製雪平鍋は、20代の頃から信頼を寄せている道具の一つ。火の回りが早く、軽くて手に取りやすいので登場回数多め。あまりにも使いすぎてさすがに焦げが取れなくなり、最近買い替えを

COPPER YUKIHIRA SAUCEPAN

「有次」の銅製鍋も最近新調。P.52の銅鍋より前に使い始め、いろいろなタイプを揃えるきっかけに。アルミの雪平鍋よりさらに熱伝導がいいので、特に慌ただしい日のお弁当や朝食作りで大小ともに活躍

YUKIHIRA DOUBLE-HANDLE POT

どこかシャープな印象の槌目に惹かれるアルミ製両手鍋は、「鍛金工房 WESTSIDE33」にて。手持ちの直径20cmの木ブタが使えるよう、直径21cmをセレクト。P.52と同じく浅型で、煮物に重宝している

SKILLET

「ベリタス」のスキレットは、直径16cmを愛用。小ぶりでオーブンに入れられ、食材にムラなく火が通って冷めにくいから、グラタンやステーキ、ハンバーグなどを熱々のままテーブルに出したいときに

ENAMELED CAST-IRON POT

キッチンを白でまとめたかった20代の頃に購入した、「ル・クルーゼ」のココット・ロンド。直径24cmは割と使いやすく、カレーのように煮込みたいもの、煮込んでからオーブンで仕上げる料理にも便利

SINGLE-HANDLE SOUP POT

「ストウブ」のスープポットはフリーマーケットで見つけ、口径14cmのかわいいサイズ感と片手仕様が新鮮に映って即ゲット。その名のとおりスープを作ったり、果物を煮詰めたりするときに機動力を発揮

JAPANESE OMELETTE PAN

家族からリクエストが多く、ほぼ毎日使う「有次」の卵焼き器。コツがいるな、と思いながら使い続けて15年近く。コツさえつかめれば、ふんわりおいしいだし巻き卵ができると思うと、手放せない道具の一つ

OVAL ENAMELED CAST-IRON POT

数ある「ル・クルーゼ」の中でも、来客が多い日のメニューをまかなえる大容量のココット。大忙しの4口コンロでも収まりがいいオーバル型で、減りが早い汁物、豚汁やおでんなどをたっぷりと用意できる

THE RELIABLE SEASONINGS
頼りにしている調味料

調味料はいろいろ試しつつ、「これさえあれば」も揃えて。いちじく2種とクリーミーなブッラータチーズの前菜に、特別なオリーブオイルをたらり。このひとかけで、シンプルに組み合わせた食材それぞれの味が引き立ちつつ深みが

→くるみやアーモンドな
どのナッツ類、ドライフ
ルーツは調味料感覚でサ
ラダやロースト料理のア
クセントに。パウンドケ
ーキに入れることも

料理にもマイブームが
あって、定番以外はその
ときどきで中身や位置を
入れ替えるのが楽しい

←ガス台横には塩や砂糖、
こしょうなどの定番に加
え、愛用のあごだしが。
思い立ったら即使えるよ
う、各種スパイスも「お
じろ角物店」の竹かごに
セット。きちっと四角く
て、行儀よく収まる

新鮮なアイデアを生む、使い勝手と見た目にも工夫を

　料理の味の決め手に、引き立て役にと欠かせない調味
料。基本的にはメーカーや銘柄にこだわらず、日々の買
い物の流れで手に入るものがほとんどです。でも時には、
私の好みをよく知る母や友人にすすめられて取り寄せる
ことも。ここ数年は、風味と使いやすさが気に入った酢
とみそ、オリーブオイルだけはリピートしています。
　使用頻度が高い塩や砂糖などは、中身がすぐわかって
フタの開閉が楽な陶器やガラスの容器に移し替え。さっ
と使えるように、ガス台の横に並べています。クミンシー

ドやクローブといった少量で効果的なスパイスは、市販
瓶のまま竹かごにひとまとめ。また、調味料ではないけ
れど、味わいや食感プラスに活用するナッツ類とドライ
フルーツもガラスポットに入れて作業台の片隅へ。場所を
とるからなるべく増やさないように、と思いつつもメニ
ューにバリエーションを出すために、ついいろいろ揃えた
くなります。個性豊かな色や形、お気に入りの容器にパ
ッケージのデザイン。すべてがキッチンに彩りを添えて、
創作意欲を刺激するエッセンスになっています。

MY FAVORITE SEASONINGS

お気に入りの調味料あれこれ

SALT

岩戸の塩工房〈岩戸の塩〉

伊勢志摩で出会い、うま味とほのかな
甘みが気に入り愛用。海水を煮詰めて
焼く伝統的な製法により、色が黄みが
かっているのも、季節で色調や風味が
少し変わるのも自然海塩ならでは

YUZU JUICE

高知県安芸市産〈柚子果汁（塩入り）〉
高知県奥物部産〈ゆず果汁〉

高知を訪れた際、市場で見つけた2種。以来
お取り寄せしている。左は塩入りで、しゃぶ
しゃぶやお鍋のときにたっぷりかけて。右の
塩なしは、サラダや焼き魚などの風味づけに

SALT

ろく助本舗〈ろく助塩（白塩）〉

干ししいたけや昆布などのうま味成
分を加えた塩は、いただいたのをきっ
かけにリピート。おむすびには欠
かせず、網焼きした肉や野菜などに
もパラリ。コクのあるうま味を含み、
料理の味も締まるようになった

SOUP STOCK

味の兵四郎〈あご入減塩だし〉

10年以上常備している定番だし。あ
ごやさば節など6種のだし素材、塩
や醤油などをブレンドし、ティーバッ
グ式に。これ一つでうま味とコク、
香り深い汁物や煮物が。袋を破き、
炒め物の味つけに使うことも

TAMARI MISO SAUCE

新山食品加工場〈味噌たまり〉

専用のみそにザルを沈め、編み目か
ら自然にしみ出てきたものを濾して
生まれた調味料。醤油よりまろやか
でうま味も感じられる。卵かけごは
んや炊き込みごはん、スープなどに

SESAME

やまつ辻田〈有機金ごま〉

料理家さんから教えてもらった、最
高級の金ごま使用の2タイプ。低温
で香りを閉じ込め、うま味を引き出
す石臼製法のすりごまは和え物に。
低温で二度焙煎した香り高い大粒の
煎りごまは、何にでもトッピング

MISO

内藤醤油店〈甘みそ〉

秋田・横手で110年余り作り続けら
れている甘みそは、実家でも使って
いるなじみ深い味。米麹をふんだん
に用いて塩分控えめ。まろやかな甘
さとふくよかな香りにホッとする

VINEGAR

日本自然発酵〈ピュアのおいしい酢〉

母にもらって以来愛用の酢はみかん果汁を
発酵、熟成させた果実酢配合。酸味がマイル
ドで甘みもあり、スライス玉ねぎやきゅうり
の即席ピクルス、マリネに煮込みにと重宝

SESAME OIL

九鬼産業〈太白純正胡麻油〉

厳選したごまを煎らずに低温
圧搾。うま味とコクがありな
がら、口当たりはあっさり。
焙煎ごま油のような特有の色
や香りもないので、ドレッシ
ングやお菓子作りに活用

GINGER SYRUP

桐島畑〈ジンジャーシロップ〉
吉平商店〈吉平のあわせしょうが〉

しょうが本来の辛みや風味が楽しめる、
高知発の手作りシロップ。左の材料は、
農薬や化学肥料を使わず育てた自家製し
ょうがと国産粗糖のみ。炭酸で割って飲
むことが多め。右は、高知県産のしょう
が・土佐一と上白糖だけを無水で炊き上
げたもの。しょうが焼きや魚の煮付けに

SOUP STOCK

やいづ善八〈だしプレッソ〉

知人から贈られ、使い始めた液体だし。左
は焼津産鰹節、右は北海道産真昆布100%。
高圧で一気に抽出された濃厚なうま味と香
りが、手軽に味わえる。無添加、無調味だ
からアレンジ自在で、風味づけにも便利

PICKLES POWDER

東北醤油〈ふる里の三五八 味じまん〉

良質な米と糀をたっぷり用いて塩を加えた一
夜漬けの素は、母のおすすめ。野菜のほか、肉
や魚を漬けることも。かぶや白菜などを入れ
た和風スープの隠し味にも使える万能調味料

SWEET SAKE

かごや商店〈極上 流山本みりん〉

国産もち米と米麹、米焼酎とともに
仕込み、ゆっくりと熟成させて自然
ろ過すること数カ月。そんな古式造
りの澄んだみりんを加えた煮物は、
まろやかな甘みが広がる優しい仕上
がりに。すすめてくれた知人に感謝

OKARA POWDER

あじげん〈おからぱうだー〉

おからを乾燥させた、さらさらパウ
ダー。飴色玉ねぎを入れるハンバー
グに混ぜたり、肉団子のまわりにま
ぶしたり。水分をほどよく吸ってく
れるので、小麦粉の代わりに活躍

OLIVE OIL

ラ・モラッツァ・ミニシ
〈レ・テッレ・デル・カステッロ〉

友人の店で食し、爽やかな香りとフル
ーティさに感動した、初搾りの有機エ
クストラバージンオリーブオイル。購
入を年一回のお楽しみにしていて、パ
ンにつけたりサラダやパスタなどの仕
上げにかけたりと、火を通さずフレッ
シュ感を味わっている

I Spend it Like "Own Room"

「自分の部屋」のように、気ままに過ごす

↑あれこれこなしたい日も穏やかに過ごしたいときも、音楽は大事なムードメーカー。さっと選んでかけたいから、操作が簡単なCDプレイヤーで。ジャンルはジャズやロックステディなど

料理中でも気分転換
したいときに即スイッチ
オンできて、いい仕事を
してくれます

←CDプレイヤーは「無印良品」の壁かけタイプ。iPodやスタンド式スマホスピーカーも試したけれど、コンパクトで調理中も邪魔にならないのがいい

↑お気に入りのパフェグラスにバニラアイスを盛り付け、即席イチゴパフェに。ナッツやクッキーもトッピングするつもり

←作り付けの吊り棚を外してタイル貼りにした壁は、飾るスペースに。季節の草花と娘の絵を中心に、色みやアイテムなどを思いつくままに

↑少し時間に余裕がある日に、ささやかなごほうびデザートを♪と思ってパフェを作り、椅子に座った途端、食いしん坊なわんこたちが勢揃い

「一人でこっそり」を察知したのか、じーっと見つめる視線がいつにも増して熱い……

自分色に染められるから、料理も空間作りも楽しく

　使いやすくて、自分の部屋みたいに落ち着ける。それが、一日のうちで過ごす時間が長いキッチンの理想型。元の内装は壁や床、棚が白で統一されていてどこか殺風景で、いくら好きな道具や器を揃えてもあまり愛着がわきませんでした。でも改装を機に、素材と色調を木やモルタル、ステンレス、人造大理石でミックス。デザインも変えたら、自然と心が弾むコントラストが生まれました。

　空間のベースが自分好みになったおかげで、今まで使っていたものでも置き場所を考えるのがおもしろく、片付け

や手入れもしがいが。また、壁を埋めていた吊り棚を一部外してできた余白には絵を飾り、時にはその絵にリンクする草花をあしらう楽しみも加わりました。さらに、オープン棚にはお気に入りの本を並べ、音楽を気軽に聴けるプレイヤーも取り付けて。マイテイストのキッチンは想像以上に居心地がよく、気がつけばお茶とおやつで一息つくのも、家族の帰宅が遅い日の一人ごはんも当たり前に。慌ただしい日々だからこそ、ここでの充実した時間が心にゆとりをもたらしてくれる気がします。

DECORATION ACCORDING TO THE SEASONS

季節や気分に合わせてデコレーション

←実付きのアケビとユーカリ
ベルガムナッツの取り合わせ。
無垢の木皿や柞灰釉（いすば
いゆう）のピッチャーで軽さ
を出し、秋の爽やかさを演出

↑色鮮やかなひまわりを、
長いまま大胆に生けて。
花をリンクさせた、シッ
クなトーンの油絵を壁に
かけてコントラストを

置いて並べて、かけてギャラリー風に

吊り棚を取り払い、開放感が生まれたコーナー。タイル壁には
絵や雑貨を、その前には植物も飾れるようになりました。

←伸びやかなヤマブ
キの枝葉を主役に選
び、ユーカリやローズ
マリーなどのハーブ
を添えて。足元は、透
明なガラスと白い陶
器の花器できりりと

→こっくりとした色
みでまとめた冬の日。
ドライのヤシャブシ
とコットンフラワー
で動きを。壁にはアケ
ビの蔓で編まれた鍋
敷きをポイントに

ぷっくり膨らんだバラの実が枝先を揺らす頃。高低差をつけてあ
しらい、わきにリンゴとザクロも並べて。娘が描いたリンゴの絵や
素朴な器の深みのある色調が、ダイナミックな枝との調和役。これ
からやってくる、しっとりと華やかな季節を予感させるアレンジに

SHELVES TO DECORATED WITH WHITE
白を基調に、優しくすがすがしく

Giorgio Morandi: Late Paintings

異なるテイストが溶け合う、初夏の彩り

シャープな印象も、柔らかい雰囲気もあわせ
持つ白。そんな多彩な白をまとったアイテム
が、穏やかなハーモニーを奏でて心地いい。

よく使うアイテムを下段に並べながらコーディネート。
表情のある木とガラスの器、写真集やポストカードなど
も差し込み楽しげなリズムを。さらにクレマチス〝ホワ
イト アラベラ〟を添えて、ふとした瞬間も和める空間に

SHELVES TO DECORATED WITH BROWN

こっくりとしたブラウン系で温かみを

味わい深い色調や風合いで秋モードに

秋の訪れとともに使いたくなるのが、ブラウンのあれこれ。ナチュラルな木や土ものを中心に濃淡をつけると、落ち着いた雰囲気に。

自然素材の器やかごの中に、真鍮も加えてスパイスに。
また最近、金彩も合うことがわかり、少し取り入れてニュアンスを。ドライの枝葉やオレンジ色の明かりがまたしっとりと趣をプラスし、眺めているだけでも安らげる

THE LIGHTS ARE AN IMPORTANT ACCENT

ライトは大事なアクセント

実用性と遊びが同居する
小粋さに、余裕が感じられて

空いている空間には、少しでもおもしろいも
のを。そう思って探すライトとランプシェード
は、気持ちが弾んで目も喜ぶ存在感を発揮。

↑昔は内装が白で統一されていたの
で、甘くならないように取り入れた
ホウロウのランプシェード。「ブロ
カント」で見つけた、フランスの工場
で使われていたというヴィンテージ

きりっとしたタイルと
たら〜んと下がる照明の
コントラストが思っていた
以上にいい感じ

←福岡「krank」のオリジナルラン
プ。数年前にお店で見た古材で
作るユニークな滑車型に後ろ髪
を引かれ、後日ゲット。横長タイ
ルが規則的に並ぶ壁に抜け感が

← アメリカの老舗LEVITON社製の
クリップライト。真鍮部分がしっかり
といい味を出していて形も珍しく、
アンティークショップで購入を即決

飽きのこないシンプルな
デザインと、ここで長く
暮らしているような
味わいがたまらない

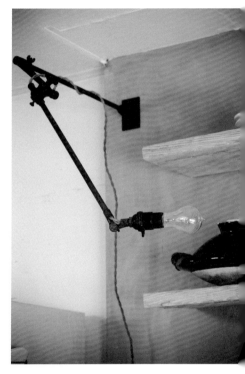

↑年代物のウォールランプは、アメ
リカのO.C.WHITE社製。古いのにモ
ダンなインダストリアルデザインが
かっこよく、角度調整もできて便利

新しい内装の雰囲気にも
和洋折衷な道具や器にも
ばっちり。思いきって
替えた甲斐あり!

←木製シャンデリアの新鮮さと精
緻なデザインにグッときた、ベルギ
ーのアンティーク。長く使えそ
うなところも◎。「krank」にて

Utensils that Tea Becomes Delicious
丁寧に作られた道具がお茶をおいしく

↑「STUDIO PREPA」
のアケビのハンドルの
ガラスポットはテーブ
ルサイズ。この日はヨ
シノヒトシさん作のカ
ップとコーデ

茶葉から選ぶか
ポットや器から決めるか、
コーディネートを考えるのも
楽しいひととき

→輪花形の茶たく
は濱端弘太さん作
が中心。精緻な竹
細工に魅せられた
コースターとお弁
当箱は、京都「ユ
ウノ竹工房」にて

↑茶葉は茶筒も袋や缶入りも、浅型
の竹かごにひとまとめ。紅茶のティ
ーバッグはガラスのキャニスターに
移し替え、茶さじも添えている

→「金網つじ」の茶こしは銅製の
網の内側に目が細かい網が張られ、
澄んだお茶に。国内外で見つけた
竹製は容器や茶葉に合わせて使用

球形の本体や伸びやかな注ぎ口、曲線が美しい竹の持ち手。すべてに惚れ惚れする吹きガラスのポットは「YAECA HOME STORE」にて。直火もOKだから、煮出すお茶にも活躍。夏場はトウモロコシ茶を、いつもこれでグツグツ

沸かしながら、踊るトウモロコシの粒やじわじわ色濃くなっていく様子をつい眺めちゃう

お茶の種類に合わせて、道具も自由にアレンジ

　食事や団欒のときは必ずいれて、家事や仕事の合間にも「とにかく一杯」。即座にリフレッシュできるお茶は、私の日常になくてはならない存在です。日本茶、紅茶、ハーブティーなどいろいろ揃え、道具と一緒にシチュエーションや気分に合わせて選びます。道具は温かみが感じられる、作家や職人が手がけたものがほとんど。手にも空間にもなじみ、ますます気持ちが落ち着くからです。
　ティーポットは長らく陶器を愛用していますが、ここ1年はガラス製の使用頻度が高め。美しい佇まいとともに、

茶葉や色も見えて趣がプラスされるところが気に入っています。茶こしは雰囲気だけでなく、目の細かさと茶葉のタイプでも使い分け。また、茶たくは愛らしさに惹かれて輪花形が多く、細工や風合いの違いでコーディネートに変化を。そして肝心の茶葉は茶筒やガラスのキャニスターに移したものも袋入りも、竹かごにまとめて見せる収納に。一日に何度もお世話になるものだから、どれもすぐ手に取れる場所にスタンバイ。お茶の種類と道具の組み合わせを気軽に、目でも楽しめるようにしています。

COORDINATE THE TEA WITH UTENSILS
安らぎやワクワクが生まれる道具合わせ

↑花岡隆さん作の黒陶のポットと湯飲み、遠藤
素子さん作の大胆な刷毛目のそば猪口で茎ほ
うじ茶を。木の個性を生かした「studio fujino」
のトレイが、さらに趣を添えて。温もりある
風合いの道具、優しい味わいと香りのお茶が
気持ちをすっと穏やかにしてくれる

←日本茶を入れることが多い茶筒。
「開化堂」の銅製と真鍮製、秋田・
角館伝統の樺細工など、素材や大
きさの違いで茶葉の種類分けを

アップルシナモンティーを作ったポットは、北欧のヴィンテージ。透明ガラスがお茶の色合いをあでやかに映し、風味まで豊かに感じさせて

絶品アップルパイとともにリンゴづくしのティータイム。金彩が美しい「ノリタケ」のヴィンテージカップにお茶を注ぎ、少し優雅な雰囲気に

COFFEE UTENSILS CHANGED THE AMBIANCE

コーヒーを淹れるかっこいい道具で雰囲気が変化

家でのコーヒーブレイクが習慣になると、道具や器好きゆえにバリエーションが増加。そして、道具は豆とセットで置きたくなり、「イケア」のステンレス製キッチンワゴンを迎え入れた。これでコーヒーチームの定位置が決まって、さらに使い勝手も眺めも上々に

コーヒー豆形がかわいいスキッターを見つけ、早速ポットの注ぎ口に差し込みドリップ。お湯がより細く、ゆっくり注げると聞いて、粉が膨らみ、滴がサーバーに落ちる様子をチェック。そしてカップに注ぎ、あんバタートーストを作ってお皿にのせる……。そんな流れを日々追うたびに、これも長年妄想している理想のカフェのイメージが膨らむばかり

新鮮な道具と香りが、見慣れた場所をまた違う景色に

　自他ともに認めるお茶派だった私が、コーヒーを飲み始めたのはここ数年のこと。街中にコーヒースタンドが増え、テイクアウトカップ片手に歩く姿もかっこよく見えて。徐々に仕事の合間にミルクや砂糖の量などをカスタマイズできるカフェに立ち寄るようになると、道具やカップにも関心が。そして、甘いものとのペアリングも楽しむうちに、家でも味わってみたくなったのです。

　最初は今まで目が向かなかった道具のデザイン、比較的マニッシュな佇まいが私好みで気合は十分でした。

でも、どんなものを揃えればいいのかわからず、コーヒー好きの友達やお店の方に聞きながら少しずつ前進を。多彩な豆もいろいろ試して好きな風味がわかり始め、最近は秋田や京都の珈琲店とのコラボ企画も進めるまでに。

　お湯を沸かし、豆を挽いて、ドリッパーをセットして、丁寧に淹れる。そんな一連のプロセスや時間、香りが気分転換になってやる気スイッチがオンに。何よりキッチンの眺めが変わり、道具や器をコーディネートする楽しみも増して、ますます気分が上がる空間になりました。

SIMPLE AND USER-FRIENDLY UTENSILS
シンプルで使いやすい道具たち

ENAMELED POT

「月兎印」のスリムポット。白と黒を持っている。ホウロウだから直火にかけてお湯を沸かせ、すっと細い注ぎ口はドリップしやすい。美しいフォルム、置いたり注いだりするときの安定感もお気に入り

COFFEE DRIPPER

陶芸家・石渡磨美さん作のコーヒードリッパー。粉引と黒唐金の2タイプを気分で使い分け。テクスチャーや色調の濃淡が醸し出すアンティークのような味わい、手にしっくりとなじむ風合いにも心惹かれる

COFFEE DRIPPER & JUG

コーヒーを飲むようになった初期に購入した「ハリオ」のドリッパーは、「うま味をしっかり抽出してくれる」と聞いて選んだ円錐型。「キントー」のジャグは、極シンプルで注ぎやすく洗いやすいのがいい

COFFEE MILL

豆は購入やいただくことも多く、ミルは必須。両方手挽きで、左は少量用。右の「カリタ」は、この写真も撮影してくれたカメラマンが「コーヒーが飲めるようになったお祝いに」とプレゼントしてくれた

COFFEE BEANS STOCKER

「開化堂」のブリキ製珈琲缶は、100ｇと200ｇの２サイズを揃えて。
気密性や経年変化する楽しみは、茶筒で実感済み。開閉しやすい取
っ手付き、セットのスプーンが中ブタの上に収まるのもうれしい

MEASURING SPOON

左の缶を買う前、ふと置いて探しがちだったメジャー。そんなことが
続いて買った、「カリタ」の銅製メジャー。豆も粉もすっとすくえる
取っ手の長さやカップの形で、フックにかけられるのは私向き（笑）

COFFEE SERVER

サーバーもシーンや気分でセレクト。左は黒唐金のドリッパー（P.76・
右上の写真の下）とコンビ。右は「カリタ」で、コーヒー超初心者時
代に購入。シンプルなビーカー風が好きで、ほぼフタなしで使用

ENAMELED MILK PAN

ロンドン「レイバー・アンド・ウエイト」で選んだ、ホウロウメーカ
ー・RIESS社のもの。約15年前に買って野菜や卵をゆでたりスープ
を温めたりしていたけれど、今はもっぱらカフェオレのミルク用に

THE IDEAL COUNTER HAS ARRIVED
理想どおりのカウンターがやってきた

新たに仲間入りしたカウンターは、使い込んだ味わいのアンティーク。改装した周りの素材や色調、デザインとバランスよくまとまって、サイズ感もイメージにぴったり。作業効率まで上がり、妄想していた快適さがまた一つ実現できた

いちいちかがんだり
避けたりしないことが、
こんなに楽で作業を
スムーズにするなんて

↑すっと立って作業できる高さだから、余計な動作が軽減。ほどよく
コンパクトになり、「ちょっと置いておこう」もなくなり脱・物置状態

before

after

↑元は棚板が1枚。約57cmある奥行きを、棚板追加で有効活用。前板のアーチは生かしたくて、引き出しの下だけつけてもらった

↑上の棚はキッチンクロスや手ぬぐいを、下はトレイなどをかごで仕分け。ゴミ箱も一日の終わりに隠し、犬のいたずらを予防

←あると重宝する引き出し。食品保存グッズやコーヒーフィルター、ワックス加工の袋など、使いたいときに探さないようここへ

立ち仕事が楽になり、動きも俄然スムーズに

作業スペースを増やしたくて、今まではキッチンの中央に4人がけ用のダイニングテーブルを置いていました。でも、確かに作業するスペースは増えたものの、思いのほか場所をとって動きにくいという難点が。高さもジャストではなく、気がつくと上にはよく使う器や食材を置きっぱなしにしがちに。だから、作業台としてより使いやすいサイズのカウンターをずっと探していました。

2020年の夏、知人のアンティークショップで気になる一台を発見。縦横の寸法は元のテーブルの半分以下で、

高さはウエストくらい。出会いを逃したくない一心で、即オーダーを。届いてから使い勝手を考え、内側の奥に渡っている棚の手前に板をプラス。そこにはキッチンクロス、引き出しにはラップや保存袋など、そばにあると便利なものを収納することに。シンクやオーブンでの作業の行き来も邪魔をせず、くるっと振り返れば食材を切ったり盛り付けたりしやすいカウンター。使い始めたら「天板をケアしやすい素材に替えようかな……」という思いが頭をよぎり、まだまだ妄想は膨らむばかりです。

CHAPTER 3
FEEL HAPPINESS TO COOK

料理がますます楽しくなりました

料理はもちろん、食材や道具、器などのすべてが快適な空間作りを担うキッチン。使い勝手と風景が自分好みになり、実験のようなドキドキやワクワクも、つかの間無心になれる時間もここに。そして、作ってみたいものや定番に＋αのアイデアも広がりつつあります。

I Tried Making for Sponge Cake

ヴィクトリアスポンジケーキに初挑戦

娘が友達を呼ぶと聞き、
素朴な味わいのケーキ作り

　これまでお菓子は多少作ってはいたものの、材料を正確に量らないと残念な結果になり、融通がきく料理に比べると苦手でした。でも、キッチンに作業がスムーズに進むカウンターがきて、また挑戦してみようという気に。作ったのは2枚のスポンジでラズベリージャムをはさむ、英国でポピュラーなヴィクトリアスポンジケーキ。ジャムは好きなブルーベリーに変えてみずみずしい実も加え、ホイップクリームを重ねることに。材料の計量から仕上げまでそつなくこなせて、カウンターのアシスト効果は想像以上。おかげでホームメイドスイーツのレパートリーが増えました。

焼いたスポンジは上下2枚にスライス。下側にホイップクリームとブルーベリージャムを塗り、ブルーベリーの実をぎっしり並べたら上側をそーっと重ねて。クリームやブルーベリーがスポンジからはみ出しそうなのは、手作りゆえのご愛敬

ケーキスタンドにのせ、粉糖で
雪化粧を施せばフィニッシュ。
クラシックな面持ちのケーキ
なので、ケーキスタンドはス
テンレス製を選んで軽さを

ずっしり重めのスポンジやブルーベリーの酸味との相性を考え、お茶は渋みが少なくコクのある和紅茶を。また、和食器を合わせておもしろみを出そうかなと思いつつ、それは私の味見用に。娘たちにはシンプルな乳白色のプレートとカップで

I Cooked
Pizza Smoothly

3種類のピザが手ぎわよくできました

皆の喜ぶ顔を想像して
彩り豊かにトッピング

　気の置けない女友達が集まる日。気軽
につまめて満足感があり、会話も弾む料理
を……と考えを巡らせ、トッピングでバリエ
ーションが出せるピザをメインにすること
に。目にも鮮やかなテーブルをイメージし
ながら選んだ3パターンの材料は、すべて
作業台に用意。手早くのばした3枚の生
地に具をのせてオーブンに入れたら、焼け
るまでの間に蒸し野菜の準備を。少しず
ついろいろを揃えた野菜は、大きなセイロ
で一気にスチーム。作業台とガスレンジ、
シンクの行ったり来たりがスムーズになっ
たキッチンのおかげで、段取り上手になっ
た気分。隙を見て道具を洗い、テーブルコ
ーディネートを考える余裕もできました。

ピザは家族も大好きなので、生地は時間があるときに作って冷凍庫
にストック。この日のように、前日に友達が遊びにくると決まった
ときにも重宝。解凍した生地を3等分にして丸く整え、麺棒で薄く
のばしていく。ピザボードはサーブ用のお皿代わりにするつもり

作業台に具を並べてスタンバイ。クワトロフォルマッジは、焼く前に具を全部のせ。
1枚はトマトソースを塗ってレンコンとしらす、ピザ用チーズを、もう1枚はピザ用チー
ズだけをのせてオーブンへ。スモークサーモンやいくらなどは焼けてからトッピング

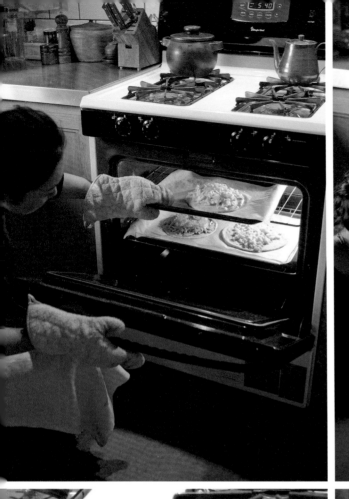

3枚をオーブンに入れたら、ときどき焼き加減を確認。チーズがとろ〜りととろけて、耳に焦げ目がつけば焼き上がり。立ち込める香ばしい匂いに、わんこたちもソワソワ

レンコンとしらすには自家製ジェノベーゼソースをかけ、刻んだ大葉とみょうがをたっぷりトッピング。ピザ用チーズだけで焼いた1枚には、スモークサーモンといくら、サワークリームをのせてディルを散らして出来上がり。この色みがきれいな2枚はピザボードの上で切ってそのまま、蒸し野菜もセイロのまま食卓へ。ワインの栓が抜けた音を合図に、いよいよ宴のスタート！

CHAPTER 3

ピザと蒸し野菜のほか、3種類の
ディップを添えたフォカッチャも
プラス。料理の彩りを引き立てる
のは、木のテーブルになじむピザ
ボードやセイロ。クワトロフォル
マッジと銘々皿には白磁や藍染付
の和食器を使い、遊びを感じさせ
ながら引き締めて。傍らにあしら
った、アケビの枝葉もにぎわいに

SALAD TO TASTE
THE NEW DRESSING

新作ドレッシングを味わうハーブサラダ

ハーブの鮮やかな色と香りに癒されながら、家族の腹減
りコールに応えるべくサクサク支度。ドレッシングは、友
人のレシピにあるホワイトビネガーやきび砂糖と、愛用
の太白純正胡麻油をブレンド。それぞれのフレッシュ感、
カンバーニュの香ばしさもきわだつ白い器に盛り付け

CHAPTER 3

家族との休日ブランチにも
「おっ!」と言わせるメニューを

　料理上手な友人にレシピを教えてもらった玉ねぎド
レッシングを試したくて、一品はサラダで決まり。前の
日に調達したルッコラやチャービル、ディル、イタリアン
パセリ、ミントなどが入ったミックスハーブを生かします。
ドレッシングは新玉ねぎと、色で少し華やかさが出そうな
紫玉ねぎの2種類で作ってみることに。あとはトーストし
たパン・ド・カンパーニュと、根菜をごろごろ入れたポトフ
風のスープもプラスしてボリュームアップ。天板をリニュー
アルした作業台で準備していると、「いつかは……」のカフェ
メニューにもできる気に。それは、色とりどりの食材が映え
て、思いがけず創作意欲がわいてくるせいかもしれません。

カンパーニュは焼き網で軽く焦げ目をつけたら、コクのあ
るカルピスバターをオン。網から外して余熱で溶かしなが
ら、バターを追いのせして風味増しを。スープは野菜だけ
でなくソーセージとベーコンでうま味を出し、ハーブソル
トを少々。サラダプレートに似た質感の白いスープ皿へ

一日がここで終わり、ここから始まる幸せ

夕食が済み、器や道具を洗う。片付けついでに、
雑然としているコーナーを手早く整理する。
その後、翌日の献立が頭に浮かんだら下ごしらえをしたり、
慌ただしい日々を振り返りつつ愛犬たちとマッタリ過ごしたり。
そして、「明日も頑張ろう！」という気持ちで一日を終え、
またここから次の一日をスタートする。どの時間も幸せなのは、
「好き」に囲まれているからだな、と最近しみじみ思うのです。

居心地よく楽しく。
そんな理想型を目指した改装は、コーナーごとに進めたせいか、
少しずつ変わる様子にスッとなじんでいけました。
でも形が整うにつれて、新たなイメージが膨らんでくるという
おまけも。例えば、リビングルームと仕切る壁を取り払い、
開放的にしたいというのも一つ。
ただ、しばらくすると「調理中の匂いが家に充満する!?」
「来客時に散らかっていたら丸見えだ……」と不安が頭をよぎり、
いくつかあったイメージも理想と現実が浮かんでは消え、
また浮かんでは消えの繰り返し。
結局は今の独立型の空間を生かし、自分の部屋みたいに
アレンジする方向に落ち着くのです。
だから、そう思える場所がある喜びを胸に、
変化するライフスタイルにも合わせながら、
これからも手を加えていくつもりです。

雅姫

PROFILE

雅姫
まさき

モデル、「ハグ オー ワー」「クロス＆クロス」のデザイナー。ファッションから
インテリア、料理までライフスタイル全般にわたって、独自のセンスを発揮
し、著書も多数。家族と愛犬3匹との暮らしを綴ったインスタグラムも大人気。
@ mogurapicassowols　@ hugowar_vintagechic　https://hugowar.jp

STAFF

Photographs_ TADAAKI OMORI
　　　　　　TERUYUKI YOSHIMURA (P006-009), TAKESHI TAKAHASHI (P006 upper), AKIRA FUJI (P007 upper)
Hair_YUKI IWAI (Cover, Chapter 3)
Art Direction & Design_ MAKIKO IKEDA
Edit & Text_ NORIKO TAKAI

SHOP LIST （P058-059）

あじげん〈おからぱうだー〉
有限会社味源
https://ajigen.com

味の兵四郎〈あご入減塩だし〉
株式会社味の兵四郎　TEL 0120-849-888
https://www.ajino-hyoshiro.co.jp

岩戸の塩工房〈岩戸の塩〉
TEL 0596-65-7980
https://www.iwatonosio.com

かごや商店〈極上 流山本みりん〉
有限会社かごや商店　TEL 04-7158-1151
https://www.kagoya-group.co.jp

吉平商店〈吉平のあわせしょうが〉
TEL 0889-43-0107
https://kochi-syouga.com

桐島畑〈ジンジャーシロップ〉
TEL 0880-28-4252
https://kirishimabatake.stores.jp

九鬼産業〈太白純正胡麻油〉
九鬼産業株式会社　TEL 059-350-8615
http://www.kuki-info.co.jp

東北醤油〈ふる里の三五八 味じまん〉
東北醤油株式会社　TEL 0187-72-2020
https://www.touhoku-syouyu.co.jp

内藤醤油店〈甘みそ〉　TEL 0182-32-6154

新山食品加工場〈味噌たまり〉
有限会社新山食品加工場　TEL 0182-24-1028

日本自然発酵〈ピュアのおいしい酢〉
株式会社日本自然発酵　TEL 0120-33-8949
https://www.nshk.jp

やいづ善八〈だしブレッソ〉
株式会社マルハチ村松　TEL 0120-955-194
https://www.yaizu-zempachi.jp

やまつ辻田〈有機金ごま〉
株式会社やまつ辻田　TEL 072-236-1223
https://www.yamatsu-tsujita.com

ラ・モラッツァ・ミニシ〈レ・テッレ・デル・カステッロ〉
ファームランドトレーディング株式会社　TEL 03-5786-1045
http://farmland.co.jp

ろく助本舗〈ろく助塩（白塩）〉
株式会社アーバンコア
https://www.rokusuke-honpo.com

わたしの理想のキッチン

2021年3月17日　第1刷発行
2021年5月19日　第3刷発行
著者　雅姫
発行所　株式会社集英社
発行人　海老原美登里
〒101-8050　東京都千代田区一ツ橋2-5-10
電話　03-3230-6340 編集部 ／ 03-3230-7755 読者係 ／ 03-3230-6393 販売部（書店専用）
印刷　大日本印刷株式会社　製本　加藤製本株式会社

© 2021 masaki　Printed in Japan　ISBN978-4-08-790029-3　C2076　定価はカバーに表示してあります